LE
MOULIN DE BARBASTE

(Arrondissement de Nérac, Lot-et-Garonne)

PAR

PHILIPPE LAUZUN

SECRÉTAIRE PERPÉTUEL DE LA SOCIÉTÉ DES SCIENCES, LETTRES ET ARTS D'AGEN
INSPECTEUR DE LA SOCIÉTÉ FRANÇAISE D'ARCHÉOLOGIE.

AGEN

IMPRIMERIE MODERNE (Association Ouvrière)
Rue Voltaire, 43

—

1903

LE MOULIN DE BARBASTE

LE
MOULIN DE BARBASTE

(Arrondissement de Nérac, Lot-et-Garonne)

PAR

PHILIPPE LAUZUN

SECRÉTAIRE PERPÉTUEL DE LA SOCIÉTÉ DES SCIENCES, LETTRES ET ARTS D'AGEN

INSPECTEUR DE LA SOCIÉTÉ FRANÇAISE D'ARCHÉOLOGIE.

AGEN

IMPRIMERIE MODERNE (ASSOCIATION OUVRIÈRE)

Rue Voltaire, 43

—

1903

PONT ET MOULIN DE BARBASTE

(LOT-ET-GARONNE)

LE MOULIN DE BARBASTE

(Arrondissement de Nérac, Lot-et-Garonne)

On a beaucoup discuté sur l'origine du moulin de Barbaste. Mais nul encore n'en a écrit l'histoire, ni donné une description complète. Cette lacune est à combler.

De tous les moulins fortifiés du Sud-Ouest de la France, il est en effet celui qui se présente le mieux conservé, accusant les caractères les plus nettement tranchés de la fin du xiiie siècle. « Le moulin de « Barbaste, a écrit le savant archéologue Jules de Verneilh, me « paraît le plus ancien, le plus fort, le plus noble de France. » A ce point de vue déjà il mérite une monographie spéciale. Quand nous aurons dit qu'il a appartenu en propre à Henri IV et qu'il eût à subir dans le cours des siècles plus d'une attaque à main armée, que des documents nouveaux viennent d'être découverts sur la date de sa fondation, qu'il a été relevé enfin avec le plus grand soin par notre ami regretté Pierre Benouville et qu'il nous est donné de pouvoir aujourd'hui utiliser les plans, coupes, élévations, qui sont sortis de son crayon toujours si artistique et si exact, nous aurons fait comprendre l'intérêt capital qui s'y attache, et pourquoi nous tenons à faire connaître dans ses moindres détails ce curieux spécimen d'un genre de constructions généralement peu étudiées.

I

En même temps que la Gascogne se couvrait, dans la seconde moitié du xiii⁰ siècle, de forteresses féodales et de bastides ou villes neuves aux enceintes crénelées, la plupart des grands barons, riverains des principaux cours d'eau, ne dédaignaient pas d'y dresser de nombreux barrages, autant pour les rendre navigables à leur profit que pour pouvoir, au moyen de péages établis sur les passes, exercer tout à leur aise des droits souvent fort élevés.

Presque toujours à côté du barrage fut construit un moulin.

Ces moulins, où tous les habitants compris dans le ban étaient tenus de venir faire moudre leurs grains, furent généralement fortifiés. Il importait en effet qu'ils pussent défendre les passes et résister à un coup de main toujours à craindre en ces époques troublées.

Beaucoup furent bâtis sur des îlots ; quelques-uns à l'extrémité d'un pont, qui lui-même était fortifié. Ils devenaient ainsi tête du pont, le protégeaient et se trouvaient protégés par lui. Tel est le cas du moulin qui nous occupe.

Sur tous les affluents de la Garonne s'élevèrent à ce moment des moulins fortifiés.

Le long du Lot, M. G. Tholin a passé en revue les plus importants : Gaillardel, Fumel, Le Canal, Les Ondes, Lustrac, Rigoulières, etc. (1)

Dans son bel ouvrage, *La Guienne militaire,* Léo Drouyn n'a eu garde d'oublier la plupart de ceux que possède encore le département de la Gironde, notamment les moulins de Piis (canton d'Auros), de la Barthe et de Blasimont sur la Gamage (canton de Sauveterre de Guienne), et principalement le moulin de Bagas sur le Dropt (canton de La Réole) (2), dont Viollet-le-Duc reproduit également l'image (3)

____

(1) *Notes sur la féodalité en Agenais,* par M. G. Tholin (*Revue de l'Agenais,* t. xxv, p. 172, 1898).

(2) *La Guienne militaire,* par Léo Drouyn, t i, p. 28-36, pl. xi et xii.

(3) *Dictionnaire d'architecture,* t. vi, p. 409.

et qui offre avec le moulin de Barbaste plus d'un point de ressemblance.

Sur la rive gauche du fleuve, les bords de la Baïse, de l'Osse, de la Gélise participèrent au mouvement général. Sur la première de ces rivières, Vianne, Lavardac, Nérac, Condom, l'abbaye de Flaran, etc., furent pouvus d'un moulin, sans oublier celui d'Herrebouc, encore debout et bien conservé. La plupart n'existent plus ou ont été modifiés entièrement. Seul a défié les morsures du temps ou les atteintes des hommes le beau moulin de Barbaste, « les *Quatre Tours* ou les *Quatre Sœurs* », comme on les appelle encore communément dans le pays.

Le moulin de Barbaste est situé sur la rive droite de la Gélise, à mille mètres de son confluent avec la Baïse. Il fait partie de la commune de Nérac, à l'extrémité nord-ouest de laquelle il se trouve, servant de point d'intersection entre cette commune au sud, celle de Lavardac au nord, et la commune de Barbaste à l'ouest. Sa situation topographique est donc déjà fort importante.

Il commande en plus le pont jeté sur la Gélise à vingt mètres à peine en aval de sa dernière tour, lequel s'est trouvé être de tout temps l'un des passages les plus fréquentés de la région. On n'estimera point mauvais qu'avant d'aborder la description technique du moulin, nous nous arrétions un instant sur ce monument, l'un des plus anciens qui se trouve en France.

1. *Le pont de Barbaste*. — Il est généralement adopté que la Ténarèse passait en cet endroit. Cette voie romaine, qui reliait les Pyrénées à la Garonne, desservait, on le sait, Eauze, Sos et Réaup, franchissait la Gélise à Barbaste, traversait Lavardac et Vianne et venait aboutir à Thouars où elle se réunissait à la grande voie de Bordeaux à Agen (1).

S'il est téméraire de faire remonter le pont de Barbaste à cette lointaine époque, il ne l'est pas d'affirmer que c'est à l'endroit même où plus tard il fut jeté que se trouvait le passage de la rivière, soit à gué, soit plutôt sur un pont romain, dont il ne reste plus de traces.

Le pont actuel nous paraît être de la fin du xiie siècle. L'appareil

____

(1) Le tracé de la Ténarèse a été étudié dans ses moindres détails, d'abord par M. Samazeuilh, puis par M. Curie-Seimbres (*Revue de l'Aquitaine*, t. x, p. 545 et 601).

de ses piles, moins bien confectionné que celui du moulin, plus inégal plus irrégulier, lui est certainement antérieur de près d'un siècle. En outre, il possède dix arches, toutes cintrées. Sur chacune de ses piles, en amont comme en aval, s'ouvrent des avant-becs, qui sont autant de gares flanquantes et d'évitement des deux côtés du tablier. En section horizontale, ces avant-becs donnent un angle aigu.

Sur la rive gauche, le pont s'arrêtait à environ six mètres de la route. Bien qu'il n'en reste plus aujourd'hui aucun vestige, il est plus que probable qu'il était défendu, en cet endroit, par un pont-levis, établi au-dessus de la dernière pile et se rabattant sur le chemin.

Du côté opposé, on ne voit également trace d'aucune défense. Faut-il en conclure que le moulin suffisait pour protéger cette tête du pont, et que sur la rive droite il n'exitait aucun ouvrage défensif, se reliant par une courtine aux quatre tours ? Ce serait contraire à toutes les règles, généralement établies à cette époque.

Enfin, nous ne serions pas éloigné de penser qu'il se trouvait aussi sur le milieu du pont un troisième barrage. On voit en effet au-dessus de la quatrième arche un rebord en maçonnerie qui n'existe pas sur les autres et qui pourrait bien être un reste de quelque ouvrage de défense (1).

Quoiqu'il en soit, le pont de Barbaste était sûrement muni d'un pont-levis. Nous n'en voulons pour preuve que le mémoire présenté, le 6 juin 1606, par Pierre Chastillon, dit Cézan, maître charpentier, au bureau des finances de la chambre des comptes de Nérac, et dans lequel il aurait fourni les objets suivants :

« Premièrement, *trois plattes du Pont-levy du Pont*, 45 sous ; — « plus *la testière et le tour*, 40 sous ; — plus deux tables, 3 livres ; « — plus les clous, 45 sous ; — pour faire porter lesdites choses de « Nérac à Barbaste, 10 sous ; — pour la façon audit pont, 7 livres, « 10 sous. Valeur totale, 15 livres, 10 sous (2). »

Le pont de Barbaste constituait donc avec le moulin, auquel il était étroitement uni, un ensemble défensif de premier ordre, qu'expliquait son importance au point de vue stratégique et commercial. N'était-ce point là qu'aboutissait la Ténarèse, c'est-à-dire la grande

---

(1) Ces considérations sur le pont de Barbaste nous ont été surtout fournies par M. C. Chaux, propriétaire du château historique de Xaintrailles, qui a bien voulu s'intéresser à notre travail.

(2) Archives départementales des Basses-Pyrénées, B. 1540.

route des Pyrénées et des Landes par laquelle se déversaient dans le bassin de la Garonne tous les produits de ces contrées ? N'était-il pas en outre le point extrême, au sud, de la baillie du Port-Ste-Marie, et, au nord-ouest, du territoire des sires d'Albret ? Et n'est-il point mentionné comme tel, — d'abord dans les plus anciennes coutumes d'Agen : « Nul homme ne peut transporter du sel en Gascogne, au « delà du Pont de Barbaste » ; — puis dans l'acte de prise de possession de l'Agenais, en 1271, par le roi de France, où il est écrit : «... Et « durabat a dicto Castro de Lavardaco usque in Brulesium et usque « ad *Pontem de Barbasta* (1) » ; — plus haut enfin, en 1259, dans l'hommage rendu au comte de Toulouse par Ysarn de Ste-Marse pour toutes les terres qu'il possède en Agenais, *« inter pontem de Barbasta et Garonnan* (2). »

Ce pont existait, on le voit, déjà en 1259, présentant une importance exceptionnelle. Et ce ne fut qu'au XIIIe siècle, c'est-à-dire au moment où la plus petite construction fut munie d'une défense, qu'on songea à le protéger, en élevant la forteresse d'à côté.

2. *Le Moulin.* — Le moulin de Barbaste se compose d'un corps de logis à peu près carré, dont les angles sont empâtés par quatre tours également carrées, mais d'inégale hauteur (3). La plus haute, A, mesure 29 mètres, du niveau de l'eau à l'extrémité des merlons qui couronnent son dernier étage. Les trois autres varient de 2 à 3 mètres en moins. Trois de ces tours sont en saillie sur les façades ; les deux de l'est sur chacune de leurs faces ; la tour A, plus grosse que les autres sur deux faces seulement. La tour D se trouve enclavée jusqu'au quatrième étage dans le corps de logis principal.

L'appareil est l'appareil moyen, seul en usage dans nos contrées durant tout le cours du XIIIe siècle. Ses assises correspondant tout autour de l'édifice, on peut en conclure qu'il a été bâti d'un seul jet, dans un court espace de temps, la grosse tour, contrairement à ce qu'on a pu dire, ne semblant pas être plus ancienne que les trois autres.

L'aspect en est des plus sévères. Hermétiquement clos au rez-de-

---

(1) *Recueil de la Société d'Agric., Sc. et Arts d'Agen*, t. XIII, 2e série, p. 80.

(2) *Idem*, t. XIII, 2e série, p. 31.

(3) La tradition veut que « l'inégalité des tours de Barbaste soit l'emblème de « la différence de taille et d'âge des quatre filles du seigneur, ou du meunier, « qui les fit élever. »

chaussée, au premier et jusqu'au second étage, il n'était ajouré primi-
tivement que par de rares meurtrières. Sa seule entrée était la porte E,

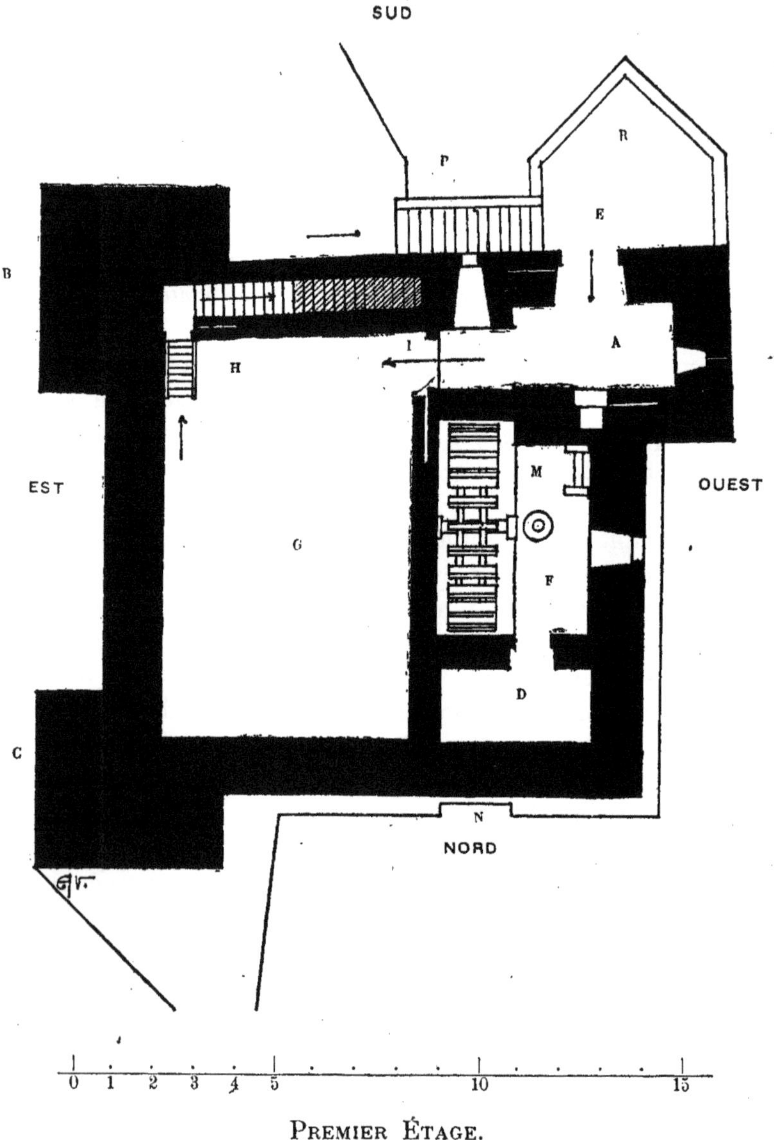

PREMIER ÉTAGE.

en tiers-point, s'ouvrant sur la plate-forme de l'éperon R (voir le plan
du 1er étage). La porte actuelle, que l'on voit entre les deux tours B et

C est moderne, ayant été percée récemment pour les besoins du service.

Une passerelle P, ou pont volant, facile à relever et à enlever en cas de danger, reliait la digue à l'éperon. C'était le seul moyen de pénétrer dans le moulin.

L'éperon R coupait en amont le courant de la Gélise et dirigeait ses eaux par un bief assez étroit vers une roue verticale M, posée aux deux tiers environ du moulin. En aval, les eaux s'échappaient par une unique ouverture N, qui, dans le cas où on les aurait arrêtées, constituait un accès facile à l'intérieur de l'édifice. Aussi le constructeur s'est-il empressé de protéger cet orifice par un mâchicoulis à trois compartiments, dont le linteau horizontal repose sur trois assises de consoles en retrait. Sa parfaite solidité a défié les injures du temps.

Ce mâchicoulis, placé sur la face supérieure nord de la tour D, est le seul qui se voit encore à l'extérieur du moulin. Le petit encorbellement adossé à la façade ouest, au-dessus de la rivière, n'a jamais servi que de latrines. Il en existait un autre cependant au-dessus de la porte d'entrée E, plus important puisqu'il renfermait quatre orifices, qui a été démoli, mais dont on distingue très nettement la place à la hauteur du quatrième étage de la grosse tour.

Tout un système de meurtrières, fort habilement établi, défendait les quatre côtés du moulin. Elles sont percées dans les tours, soit directement dans les faces, soit obliquement dans les angles. Le plan du troisième étage, que nous reproduisons à l'appui, les indique suffisamment. Ces meurtrières sont toutes à rainures droites, légèrement évasées à leurs extrémités. On n'en trouve aucune en forme de croix pattée, telles qu'elles se présentent déjà dans tous nos Châteaux Gascons des dernières années du xiiie ou du commencement du xive siècle. Cette disposition est une nouvelle preuve que le moulin de Barbaste a été construit antérieurement.

Enfin, à la partie supérieure tant du corps de logis que des quatre tours, un chemin de ronde, encore visible à l'intérieur, circulait tout autour, protégé par une ceinture de merlons, contre lesquels sont scellés de gros crochets de fer, destinés à suspendre des volets de bois mobiles qui fermaient et défendaient les créneaux.

Il n'existe aucune trace de hourds.

A l'intérieur, le moulin de Barbaste se compose de six étages, sans comprendre l'étage inférieur des roues que nous appellerons rez-de-chaussée.

Le corps de logis central a quatre étages, les tours deux de plus.

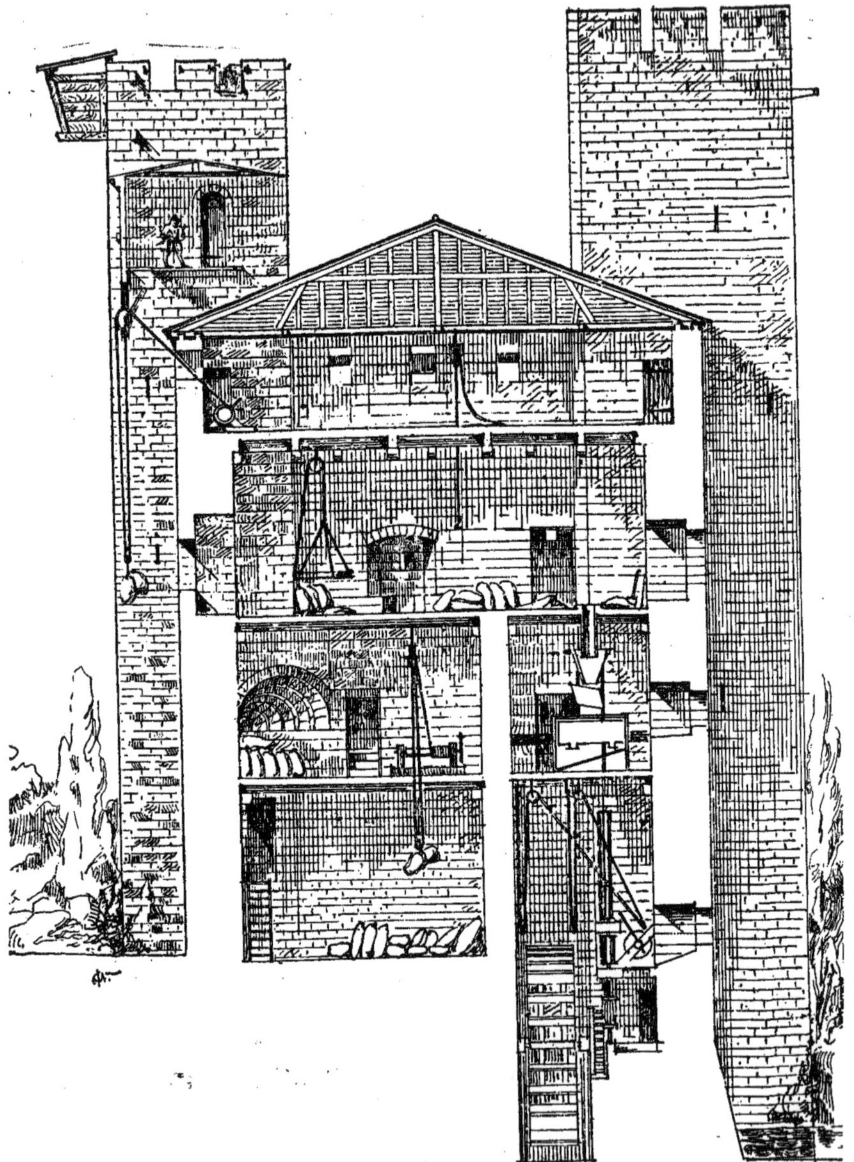

COUPE SELON C D

On en jugera par la coupe que nous en donnons suivant une ligne C D qui va de l'est à l'ouest.

Rez-de-chaussée. — Un seul bief, creusé entre la berge et l'éperon, et au-dessus duquel était jeté le pont-volant, amenait l'eau sous la roue verticale M, qui faisait marcher toutes les meules. Cette eau ressortait par l'orifice N, défendu, nous l'avons dit, par le mâchicoulis encore existant et trois étages de meurtrières superposées.

Plus tard, ce passage d'eau ayant été jugé insuffisant, on établit à côté, en avancement sur la rivière, un second éperon, et par suite un second bief destiné soit à renforcer la force motrice du premier, soit à faire marcher une deuxième roue. Et on construisit alors au-dessus une annexe, adossée à la tour A, dont la cheminée unique permet de croire que ce corps de logis fut utilisé comme logement ou cuisine des meuniers. Ses murs, surtout du côté du nord, sont assez anciens. Mais, aveuglant les plus basses meurtrières de la tour A et une partie des défenses qui la protégeaient, il est sûr que cette adjonction ne fut effectuée qu'à une époque où toute attaque à main armée n'était plus à redouter.

Deux pièces composent le rez-de-chaussée du moulin primitif, en contre-haut de 2 mètres environ au-dessus de l'eau : — l'une, le couloir M, qui renfermait la roue avant qu'une turbine moderne ne l'eût remplacée ; — l'autre, la grande salle G, qui servait de cave ou de magasin et où neuf piliers supportaient le lourd dallage en pierre de l'étage supérieur.

Premier étage. — On n'accédait, nous l'avons dit, à cet étage ou *étage des meules,* premier étage du côté de la rivière, rez-de-chaussée du côté du chemin, que par la porte d'entrée E, percée dans le mur méridional de la tour A, sur l'éperon primitif. Cette porte, que termine un arc en tiers-point, mesure 2ᵐ 60 de haut sur 1ᵐ 20 de large. Quatre étages de meurtrières, toujours à rainures droites, et un mâchicoulis, aujourd'hui démoli, la protégeaient.

A côté, une petite ouverture, carrée à l'extérieur, évasée à l'intérieur, et barrée par une tige de fer, servait à surveiller et à défendre le passage de l'eau. Elle se retrouve aux étages supérieurs.

Un couloir I, dont la voûte est cintrée, sépare la tour A des deux compartiments F et G. La tour A n'est ajourée que par une étroite meurtrière à l'ouest. En F, on descend par une pente douce conduisant à l'étage de la roue. La tour D sert de caveau. La salle G, hermétiquement close comme tous les rez-de-chaussée de ce genre de constructions, renferme dans l'angle sud-est, mais à trois mètres environ au-dessus du sol, une porte H, à laquelle on n'aboutissait jadis que par une échelle, et qui, percée dans le mur méridional, s'ouvre sur un escalier, dont les degrés en pierre, de 0ᵐ 80 de large,

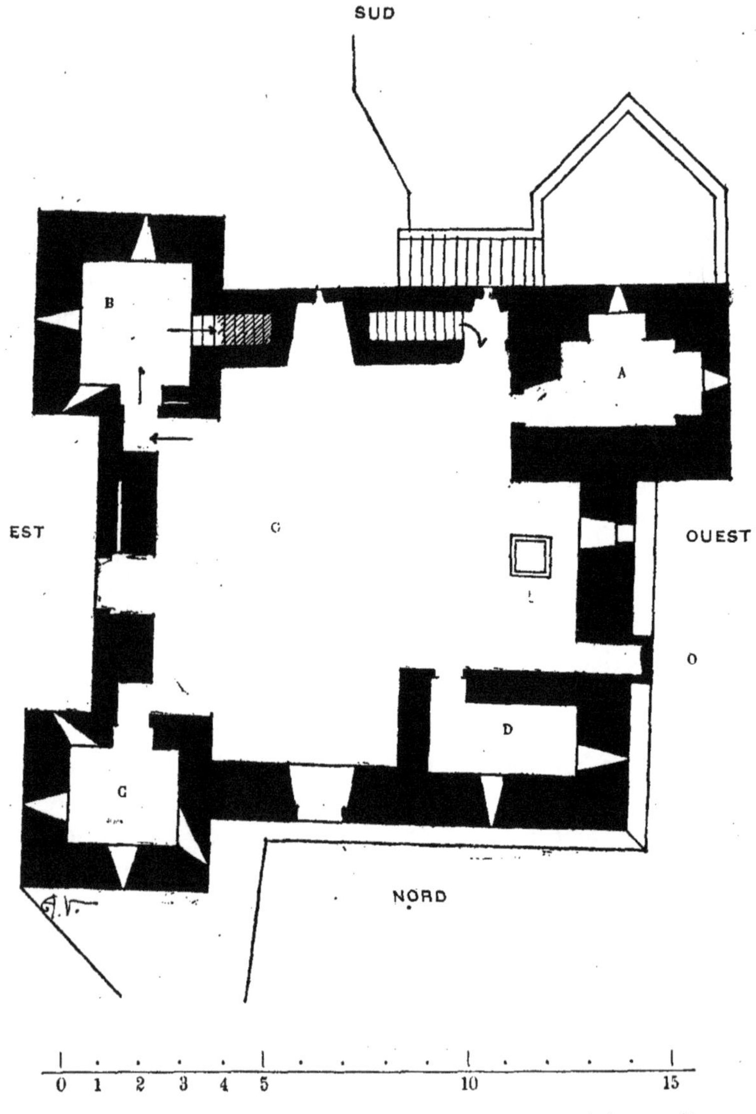

TROISIÈME ÉTAGE.

permettent d'accéder aux étages supérieurs. (Voir la coupe que nous en donnons selon A B.)

Deuxième étage. — Le second étage présente les mêmes dispositions. La tour A, précédée d'une petite porte en tiers point très accentué, est défendue sur chacune de ses faces nord, sud et ouest par une meurtrière des plus caractéristiques. Elle se compose d'une petite niche voûtée en berceau surbaissé, de 1ᵐ 70 de large sur 0ᵐ 50 de profondeur, précédant une ouverture pratiquée dans le mur, dont l'évasement mesure 0ᵐ 50 de large sur 0ᵐ 70 de profondeur, et qui aboutit à une rainure verticale droite légèrement évasée à ses deux extrémités. C'est le type, bien connu, des plus anciennes meurtrières, que Viollet-le-Duc fait remonter au xiiᵉ siècle. (Voir la coupe selon A B.)

La tour D n'en possède que deux, une semblable au nord, une plus étroite à l'ouest.

Quant aux deux tours de la façade Est, B et C, on voit aux angles intérieurs de la salle G, six arcs de décharge en retrait qui les supportent, le plus grand de 3ᵐ 50 de diamètre, le plus petit de 0ᵐ 60 seulement (Voir coupe selon C D).

Une grande fenêtre au nord, moderne, ajoure cette salle. Elle a dû remplacer soit une simple meurtrière, soit peut-être une fenêtre géminée à arcatures trilobées. La façade Est est hermétiquement close, le moulin, de ce côté, se trouvant en contre-bas du terrain.

Troisième étage. — Au troisième étage, très bas de plafond, s'accentue nettement le système défensif du moulin. De nombreuses meurtrières sont percées dans les quatre tours. On en compte deux, précédées de niches, dans la tour A, deux plus étroites dans la tour D, trois simplement ébrasées dans la tour B, quatre dans la tour C, dont deux obliques, percées dans l'angle des murs (Voir le plan du 3ᵉ étage).

Dans la grande salle centrale, ajourée par des fenêtres modernes, le mur de refend n'existe plus. Elle mesure de 10 à 11 mètres en carré, en y comprenant la tour D.

C'est à cet étage, entre la courtine ouest et la tour D, qu'a été adossé à l'extérieur l'encorbellement qui sert de latrines et qu'il est facile de prendre pour un mâchicoulis, o.

Quatrième étage. — Cet étage est le dernier du corps de logis central. Là encore, sur leurs faces comme dans les angles, les quatre tours sont percées chacune de trois meurtrières. La grande salle, aujourd'hui recouverte d'une toiture, était jadis à ciel ouvert, dallée, servant de plate-forme. Ses fenêtres ne sont que les anciens créneaux desservis par un chemin de ronde dont on voit encore la trace. Sur chaque côté des créneaux sont scellés extérieurement ces crochets en fer, déjà signalés, qui servaient à supporter des volets en bois. C'est

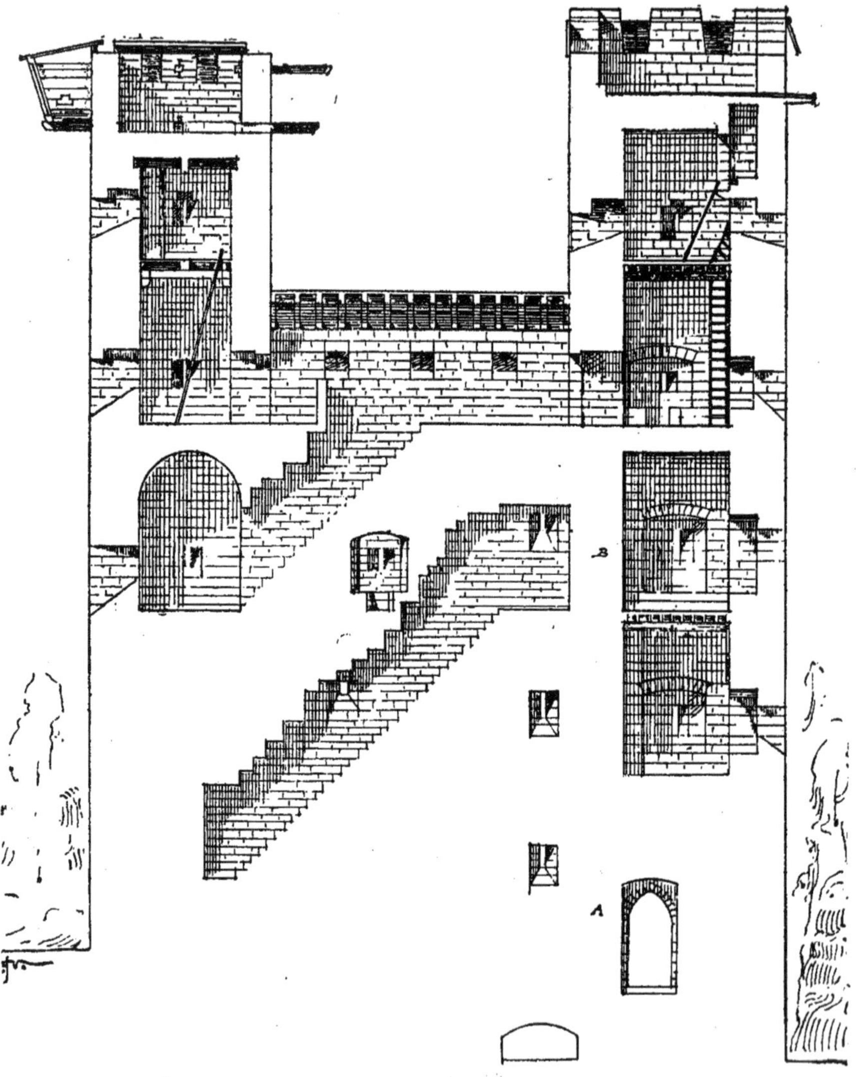

Coupe selon A B

par cet étage qu'était desservi également le mâchicoulis, placé au-dessus de la porte d'entrée.

L'escalier de pierre, percé dans le mur méridional, s'arrête également ici. On n'accédait que par des échelles aux deux étages supérieurs des tours.

Cinquième et sixième étages. — Au cinquième étage, les tours continuaient à être défendues par le même système de meurtrières, largement ébrasées à l'intérieur, mais démunies de niches. Une voûte cintrée recouvre le dernier étage de la tour A. Une voûte plate, celui des tours B et C. La tour D ne possède qu'un simple plancher.

Un petit escalier de pierre conduisait seul au sommet de la tour A. Là, huit créneaux défendaient chacune des tours A, B et C, cinq seulement la tour D, qui avait en plus le mâchicoulis du côté du nord. Comme au corps de logis, ce dernier étage était partout dallé et à ciel ouvert. Nous n'en voulons pour preuve que la gargouille que l'on voit encore contre le mur ouest de la tour A et qui avait mission de rejeter les eaux pluviales dans la rivière.

Aujourd'hui, des constructions modernes, bâties pour les besoins du service, sont venues nuire à l'effet si pittoresque que produisaient, isolées, les vieilles tours de Barbaste. Au nord, une galerie couverte a remplacé la petite allée qui menait au pont et peut-être autrefois la courtine qui reliait ce dernier au moulin. Au sud, un grand corps de logis se rattache à la façade, la masquant presque entièrement et empêchant de distinguer nettement l'entrée de l'eau. A l'ouest enfin, l'annexe déjà signalée aveugle l'entrée primitive et la saillie si originale de l'éperon.

Tel qu'il se présente néanmoins encore, avec ses quatre tours intactes, dont les lignes pures et hardies s'élancent vers le ciel et se reflètent dans les eaux calmes de la Gélise, le moulin de Barbaste a très grand air. Et, à contempler ses teintes chaudes, alors que les dore un beau soleil d'octobre, on comprend combien y tenaient les sires d'Albret et l'affectionnait Henri IV, « *lou moulié dé Barbasté* », ainsi qu'il s'appelait lui-même et qu'il signa, dit-on, quelques-unes de ses lettres les plus familières.

II

Lors du Congrès tenu à Agen en 1874, la Société française d'Archéologie, en revenant de la villa Bapteste, passa et s'arrêta devant les tours de Barbaste. A la vue de ce remarquable spécimen d'architecture militaire et industrielle à la fois, une discussion des plus serrées s'engagea sur la date probable de son origine.

M. Jules de Laffore, se basant sur les documents écrits, notamment l'acte de 1306, en vertu duquel Amanieu VII, sire d'Albret, acquit définitivement tous les droits que possédaient les abbés de Condom sur le territoire et le château de Nérac, soutint « que les tours de « Barbaste ne pouvaient être que de la première moitié du xive siècle, « les sires d'Albret ayant seuls le droit de construire sur leur fief une « forteresse avec tours et créneaux, et voulant ainsi, du jour où ils « eurent la pleine propriété du Néracais, protéger leurs frontières de « ce côté, être maîtres du pont de Barbaste, assurer le péage de leurs « droits sur la rivière de Gélise, et posséder en même temps un mou- « lin qui ne chômât jamais. »

M. de Rancogne, d'Angoulême, leur attribua une origine plus récente ; et, les comparant à certains monument de son pays, ne crut pas devoir les faire remonter au delà de la seconde moitié du xive ou même de la première moitié du xv^o siècle.

Ces deux opinions furent vivement combattues par tout le camp des archéologues, MM. de Castelnau d'Essenault, de Roumejoux, Tholin, et surtout par Jules de Verneilh, qui, s'appuyant sur l'opinion de Viollet-le-Duc, de Léo Drouyn et de son frère le savant Félix de Verneilh, leur attribua la date de la première moitié du xiiie siècle, allant même jusqu'à les faire remonter au règne de Philippe-Auguste (1180-1223) (1).

____

(1) Congrès arch. de France. Session de 1874, vol. xli, p. 122-129.

Aucun d'eux, croyons-nous, n'était dans la vérité.

Hâtons-nous de dire que, revenant sur sa première manière de voir, Jules de Verneilh écrivait peu après à M. G. Tholin :

« Le rapport de M. J. de Laffore ne change rien à mon opinion
« relativement à la date du moulin de Barbaste, que je continue à
« attribuer à la première moitié du XIIIe siècle, — ou, s'il faut tenir
« compte du retard que mettaient les styles à parvenir dans le Midi,
« *à la seconde moitié* ; — mais c'est tout ce que je puis accorder ! Et
« si l'on voulait prendre un jury d'archéologues, j'entends de ceux
« qui, comme mon frère et moi, ont passé leur vie à étudier les
« monuments, à en analyser les formes et à en reconnaître les carac-
« tères distinctifs, je ne doute pas qu'il ne confirmât ma manière de
« voir, qui est, vous le savez, celle de Drouyn et de Castelnau, aussi
« compétents que possible en cette matière. »

Et réfutant chacun des arguments de M. de Laffore, notamment celui tiré de la citation du pont seul de Barbaste en 1271, ce qui prouverait d'après ce dernier que le château n'existait pas à cette époque, puisqu'il n'en est pas fait mention, J. de Verneilh démontre que cet oubli est tout naturel, le pont, limite des grandes circonscriptions, étant à cette époque la chose essentielle, et les tours seulement l'accessoire, le complément ordinaire du pont. Et il ajoute en terminant :

« Existe-t-il des actes postérieurs au Saisimentum de 1271, où il soit
« fait mention et du pont et des tours ? Et puisque, d'après M. de
« Laffore, ces dernières ne sont que du XIVe siècle, trouverait-on
« quelques pièces relatives à leur fondation ? Je ne vous cache pas que
« je renoncerais bien à regret à voir dans ce curieux moulin le plus
« ancien, le plus fort, le plus noble de France, et que j'aurais un
« regret plus grand encore en m'apercevant que tout ce que mes amis
« et moi nous croyons savoir en fait de chronologie archéologique est
« à rapprendre. Il y a des choses que donne seule l'expérience, jointe
« à une sorte de flair... Je persiste donc à croire qu'il y a dans l'aspect
« de la bastille de Barbaste des traits, des caractères, une physiono-
« mie auxquels il est impossible de se méprendre et qui la font plus
« vieille de 80 ou 100 ans que ne le dit mon savant contradicteur (1). »

Les actes demandés par M. J. de Verneilh viennent d'être trouvés. S'ils ne fournissent pas encore la date absolument précise de la fondation des Quatre Tours, ils éclairent du moins d'un jour nouveau

---

(1) *Revue de l'Agenais*, t. VII, p. 269-273 (1880).

cette question controversée et permettent de reconnaître qu'en les attribuant finalement à la seconde moitié du xiiie siècle, le flair de l'éminent archéologue périgourdin n'était pas en défaut.

Les volumes 368, 369 et 370 de la collection Dupuy, aux manuscrits de la Bibliothèque nationale, contiennent l'*Inventaire des titres de la maison d'Albret* (1). A la page 223 du volume 368, répété à la page 169 du n° 370, nous lisons :

Contrat de vendition de deux parts du Moulin de Barbaste, faite à Amanieu, sire d'Albret, par Guillem de Lavardac, pour la somme de cinq cens livres, retenu par Jean de Latrenne, notaire, le onzième d'octobre 1308, — au dedans duquel y a autre instrument, retenu par Pierre de Petra, notaire de Castelgeloux, le dernier de mars 1309, de la vendition de la tierce partie dudit moulin, pour somme de deux cent cinquante livres tournois, faite audit d'Albret par Guillem-Arnaud de Bordes ; — et y a autre instrument au dedans contenant le prix fait pour l'édifice dudit monlin. — Cotté S. 5.

De ces trois actes malheureusement perdus, mais dont l'inventaire nous a conservé les cotes, il ressort clairement :

1° Que le moulin de Barbaste existait déjà en 1308 ;

2° Qu'il fut acheté à cette date par Amanieu VII d'Albret, non pas aux moines de Condom, ainsi qu'on l'avait toujours écrit jusqu'à ce jour, mais aux deux seigneurs de Lavardac et de Bordes, qui le possédaient chacun en partie inégale, ce dernier ayant donné son nom, lui ou sa famille, au pont voisin jeté sur la Baïse et dénommé encore le Pont de Bordes ;

3° Que s'il est fait, enfin, mention spéciale « de l'instrument conte- « nant le prix fait pour l'édiffice dudit moulin », c'est que cette construction était toute récente et que le sire d'Albret exigea qu'on lui en remit les pièces en même temps que l'acte d'achat qu'il venait de passer avec lesdits seigneurs.

Les présomptions de Jules de Verneilh se trouvent donc ainsi justifiées. Les quatre tours de Barbaste furent élevées dans les dernières années du xiiie siècle. Aucun doute ne saurait plus subsister à cet égard.

Les familles de Lavardac et de Bordes sont souvent citées, à partir du xiiie siècle, dans les annales de l'Albret, du Condomois, de l'Arma-gnac. Elles y possédaient de nombreuses terres, et ses membres y

---

(1) Signalé par M. Chaux, propriétaire du château de Xaintrailles.

contractèrent de riches alliances (1). A elles revient donc l'honneur, et non plus aux Bénédictins de Condom, ni même aux sires d'Albret, d'avoir construit l'intéressant moulin qui nous occupe.

Une fois en la possession des sires d'Albret, le moulin de Barbaste n'a pour ainsi dire plus d'histoire. Il suit la fortune toujours croissante de cette maison, depuis sa modeste origine jusqu'à sa prodigieuse élévation d'abord au trône de Navarre, puis au trône de France, et il lui appartient en propre jusqu'à l'aliénation par Louis XIV du duché d'Albret. Aussi son nom n'est il que rarement cité dans les actes publics.

En 1571, au plus fort des guerres religieuses, il sert de forteresse plutôt que de moulin. A cette date, noble Carbon de Faulong, nommé le 18 décembre intendant des chasses du roi de Navarre dans toute l'étendue de ses domaines de l'Albret, est qualifié « commandant pour le Roi des Tours de Barbaste. » Le même personnage était encore « commandant au château, appelé les Tours de Barbaste, » le 27 août 1588, où il donne quittance d'une somme de 17 écus sol et de 29 sols pour les gages à lui dus en cette qualité (2).

C'est toujours par les Tours de Barbaste que passait Henri de Navarre, chaque fois que de Nérac il se rendait à son parc de chasse de Durance ; et plus d'une fois il s'y arrêta pour y prendre ses repas (3). Ne s'intitulait-il pas, en riant, *« lou mouliè de Barbaste »* ; et n'est-ce pas comme tel que nous le représente une vieille chanson Gasconne, contant plus facilement fleurette sous ce déguisement aux jolies filles de la contrée ? (4)

On connaît l'anecdote du siège de La Fère (mai 1596) où, grâce à ce sobriquet, Henri IV évita d'être tué. « Un soldat Gascon, écrit M. de « Villeneuve-Bargemont, qui l'un des premiers l'a racontée, servant « dans le parti de la Ligue, s'aperçut du haut du rempart où il était en « faction que le Roi de Navarre, occupé à observer les fortifications,

---

(1) Voir, entre autres : *Notes généalogiques* de Mme la comtesse de Raymond, de M. J. de Laffore, etc.

(2) D'Hozier : *Généalogie de Faulong* ; Cf : Samazeuilh, *Biographie de l'arrondissement de Nérac*, p. 288.

(3) *Itinéraire d'Henri IV*, par Berger de Xivrey. T. ii des *Lettres missives*.

(4) Voir la chanson patoise, *Lou Mouliè de las Tous de Barbaste*, qu'a publiée l'abbé Dardy dans son *Anthologie populaire de l'Albret*, t. i, p. 128 (Agen 1898), et qu'a reproduites M. Nicolaï dans ses *Maisons d'Henri IV*, p. 96.

« était placé sur une mine à laquelle on allait mettre le feu. Voulant
« sauver son prince qu'il aimait, quoique portant les armes contre lui,
« le soldat se mit à crier, en son patois que personne de la place ne
« pouvait comprendre : *« Mouliè de las Tous de Barbaste, pren gardo
« à la gato que ba gatoua. »* Ce qui veut dire : « Meunier des Tours de
« Barbaste, prends garde à la chatte qui va faire des petits. » Henri
« se rappela que le mot *gatto* désigne indifféremment en patois une
« chatte ou une mine, et il se retira promptement. Un instant après
« l'explosion se produisait (1). »

Ce qu'il y a de sûr c'est qu'Henri IV aimait son moulin de Barbaste,
et qu'avant d'être roi de France, aussi bien qu'après, il ne négligea
rien pour le maintenir en bon état de conservation.

Les achives des Basses-Pyrénées nous apprennent qu'en août 1579
il donna l'ordre à son trésorier général, Me Jean de La Forcade,
seigneur de Lafitte, et à Me Joseph du Lavay, trésorier du duché
d'Albret, d'employer 500 livres tournois « pour réparation des
« escluses et mollins de Barbaste et de Vyanne (2). » Et plus tard,
en 1606, il enjoint à Me Marc Jausselin, trésorier et receveur général
d'Albret, d'avoir à payer, ainsi que nous l'avons dit, 15 livres 10 sols
à Pierre Chastillon, dit Cézan « pour réparation au pont-levi du
« pont du mollin de Barbaste (3). »

N'avons-nous pas vu aussi, dans les livres de Comptes de la Reine
Marguerite de Valois, épouse d'Henri IV, que lors de son séjour au
château de Nérac, en août 1580, cette aimable princesse donna 9 écus
à un valet « pour avoir tiré l'eau soubz les mollins de Barbaste, pour
« faire bains pour ladite dame par trois fois qu'elle s'est baignée
« durant le présent été (4). » Par suite de quel caprice la jolie Reine
préférât elle l'eau de la Gélise, prise sous le moulin de Barbaste, à
celle de la Baïse, qui passe sous le château de Nérac ? Serait-ce
simplement parce que, à ce moment, la Baïse était à sec et que la
Gélise, on le sait, ne tarit jamais ?

« C'est du Pont de Barbaste, écrit Samazeuilh, d'après les Mé-
« moires de d'Aubigné, qu'un Espagnol du nom de Loro, que l'on

---

(1) *Notice historique sur la ville de Nérac,* par le comte de Villeneuve-
Bargemont, p. 104.

(2) Archives des Basses-Pyrénées, B. 237.

(3) Idem, B. 1540.

(4) *Itinéraire raisonné de Marguerite de Valois en Gascogne* (1578-1586)
d'après ses livres de Comptes. Agen, 1902.

« accusait d'une tentative d'assassinat sur la personne d'Henri IV,
« se jeta dans la Gélise, pendant qu'on le conduisait à Casteljaloux.
« Mais ses gardes le repêchèrent à temps, et il fut mis à mort à Castel-
« jaloux dans sa prison (1). »

C'est également près de Barbaste, sur la route de Nérac, que faillit
avoir lieu à la même époque, entre d'Aubigné et le sieur de La
Madeleine, ce fameux duel dont l'auteur des *Aventures du baron
de Fœneste* raconte si plaisamment les curieuses péripéties (2.)

En 1621, le moulin de Barbaste était occupé par ceux de la R. P. R.
Il fut assiégé et pris par les capitaines Saintrailles et Flammarens,
lieutenants du duc de Mayenne, chargé par le Roi de remettre le
Néracais révolté en son obéissance (3). « Le lundy, 7 dudit mois de
« juin, écrit en effet Jean de Lorman, dans son livre de raison, Lavar-
« dac fust surprins par le sieur de Saintrailles, par l'intelligence
« d'aucuns des habitans dudit lieu, et le même jour Faulon, qui
« commandait aux dites *tours de Barbaste,* les livra au sieur de
« Cauderoue. Le lendemain le duc de Mayenne arriva audit Lavar-
« dac avec fort peu de gens (4). »

Dans les premiers jours de janvier 1653, lors des dernières convul-
sions de la Fronde, l'armée des rebelles s'empara par surprise du
moulin de Barbaste et s'y établit solidement. « A la nouvelle de la
« prise des Tours de Barbaste par les ennemis du Roi, les Jurats de
« Mézin, est-il écrit dans leurs cahiers à la date du 14 janvier, ordon-
« nent des mesures énergiques pour la garde de leur ville (5). »

Puis, le silence se fit jusqu'à nos jours, troublé seul par le bruit
monotone des meules.

Le 2 mai 1641, l'Albret, et avec lui les quatres tours de Barbaste,
fut d'abord engagé au prince Condé. Le 20 mars 1651, il fut définitivement cédé par le Roi au duc de Bouillon, en échange des
principautés de Sedan et de Raucourt. Les ducs de Bouillon le
gardèrent jusqu'à la Révolution.

---

(1) *Dictionnaire géographique de l'arrondissement de Nérac,* par Sama
zeuilh, p. 46, nouv. édition. Art. *Barbaste.*

(2) *Mémoires de d'Aubigné.*

(3) *Histoire de l'Agenais et du Condomois,* par Samazeuilh, t. ii, p. 339.

(4) *Livre de raison de Jean de Lorman.* Revue de l'Agenais, t. xxiii, p. 279.

(5) Archives départementales de Lot-et-Garonne. E. Supplément, 2919.
Commune de Mézin. — Cf. : Samazeuilh. *Dictionnaire géographique de
l'arrondissement de Nérac.*

A cette époque, le dernier duc de Bouillon n'ayant pas émigré et ses possessions de l'Albret ne pouvant par suite être confisquées comme biens nationaux, la Convention, pour s'en emparer, trouva un autre moyen. Elle décréta, le 8 floréal an II, « que l'échange du « 20 mars 1651 entre le Roi et le duc de Bouillon était purement « révoqué. En conséquence de quoi, la République rentrerait dans la « jouissance de toutes les parties du domaine national qui ont fait « l'objet de l'échange, et Léopold La Tour d'Auvergne serait renvoyé, « comme étant aux droits de l'échangiste, en possession des biens « fonciers dont ce dernier jouissait à l'époque du 20 mars 1651... »

Un premier sequestre fut ainsi jeté sur les dépendances de l'Albret. Mais, les échangistes n'ayant pas été mis en possession des anciennes principautés échangées, le Conseil des Anciens, plus juste que la Convention, par décret du 7 nivôse an V, les réintégra dans les biens dont ils avaient été dépossédés.

Le Directoire cassa cet arrêté et réunit une seconde fois l'Albret, par arrêté du 9 fructidor an VI, au domaine national.

A son tour, le premier Consul, ne voulant pas sanctionner une telle injustice, rendit, le 1er germinal an VIII, au duc de Bouillon son ancien domaine de l'Albret. Mais le duc étant mort sur ces entre-faites et la plupart de ses nombreux héritiers étant encore émigrés, un arrêté du 20 frimaire an XI confisqua pour la troisième fois le duché d'Albret et toutes ses dépendances, lesquels, par décret impérial du 3 janvier 1807, furent réunis définitivement au domaine de l'Etat (1).

Le moulin de Barbaste, qui avait suivi toutes ces fluctuations, fut presque aussitôt après mis en vente.

Le 20 novembre 1809 il fut procédé à sa visite et à son estimation.

« Le moulin à eau de Las Tous, est-il écrit dans le procès-verbal « de première enchère, à la date du 9 juin 1810, est situé ainsi que « ses dépendances dans la commune de Nérac et sur la rive droite « de la Gélise.

« Il se compose de quatre tours très élevées. Dans l'une de ces « tours est une meule à moudre les grains. A côté de ces tours, et « attenant du côté du couchant, est un emplacement où sont deux « autres meules au même usage que la précédente. Le dessus de ce

---

(1) *Dictionnaire géographique de l'arrondissement de Nérac,* par Sama-zeuilh. Art. *Albret.*

« bâtiment est sans plancher. A ces bâtiments et du côté du midi sont
« joints le logement du meunier et l'écurie, formant ensemble une
« contenance de quatre ares, trente-huit centiares.

« Une pièce de terre dépend dudit moulin, de la contenance de
« trente-sept ares. Le tout estimé au procès-verbal la somme de
« 1.900 francs en revenu, attendu que la minoterie occupe moins que
« précédemment. Mais tous ces objets sont affermés, moyennant
« 3.250 francs, qui, multipliés par 12, produisent une mise à prix de
« 39.000 francs, réduite, par décision de Son Exc. le ministre des
« finances du 28 avril 1810, à 28.800 francs. Ils proviennent de M. de
« Bouillon, comme échangiste avec l'ancien gouvernement (1). »

Personne ne s'étant présenté aux premières enchères, le moulin
fut attribué en dernier lieu, le 16 juin 1810, au sieur *Imbert* aîné,
demeurant à Barbaste, pour la somme de 34.800 francs.

Mais ce dernier ayant déclaré faire élection de command, le moulin
passa entre les mains du sieur *Jean-Joseph Ader* aîné, négociant,
demeurant à Bayonne, qui le garda jusqu'en 1821.

Le 20 juin de cette année le moulin fut revendu 40,000 fr. à
MM. *Sauriac* frères. Ceux-ci y apportèrent de nombreuses modifi-
cations et le cédèrent le 14 avril 1844 à MM. *Aunac et Remy*, banquiers
à Agen, pour la somme de 143,000 francs.

Le 11 février 1848, M. *Bransoulié*, à son tour, s'en rendait acquéreur
au prix de 150,000 francs. Il transforma tout l'outillage, le perfec-
tionna dans chacune de ses parties, et le revendit, le 5 janvier 1864,
avec un magasin à Nérac pour la somme de 280,000 fr. à la Société en
formation des *Moulins d'Henri IV*..

M. *Edmond Caupenne* fut nommé directeur de cette grande entre-
prise, qui se monta au capital de 1,200,000 fr. Le vieux moulin des
d'Albret atteignit alors l'apogée de sa prospérité. Ses produits, unani-
mement appréciés, obtinrent à toutes les expositions les plus flatteuses
récompenses.

Mais, en abandonnant peu après la gérance des Moulins d'Henri IV,
M. E. Caupenne précipita la décadence de cet établissement. Une
liquidation s'imposa le 4 décembre 1880. M. *Conches,* banquier à
Condom, se rendit adjudicataire des Quatre Tours pour la somme
modique de 36.000 francs, et il les revendit ensuite, le 22 avril

---

(1) Archives départementales de Lot-et-Garonne. Biens nationaux.

1885, moyennant 42.500 francs, à MM. *Duprat et Ducasse,* de Barbaste, qui en sont encore aujourd'hui propriétaires (1).

Nous ne saurions terminer cette étude sans rendre hommage aux derniers détenteurs du moulin d'Henri IV pour l'extrême obligeance qu'ils ont toujours mise à nous faire visiter leur demeure, cherchant par tous les moyens possibles à faciliter notre tâche. Qu'ils veuillent bien agréer ici l'expression de notre vive gratitude (2).

---

(1) Nous empruntons tous ces détails à l'intéressante brochure de M. Jules Serret, *Les Grands moulins de la Baïse et de la Gélise.* Agen. Imp. Lamy, 1887. Petit in-8° de 44 pages.

(2) Par son site pittoresque et l'intérêt archéologique qui s'y rattache, le moulin fortifié de Barbaste a mérité d'être souvent reproduit. Nous citerons : 1° Une lithographie de M. Fréd. d'Andiran, parue dans ses *Excursions pittoresques dans l'ancien duché d'Albret.* In-folio, 1842 ; 2° Une autre lithographie, publiée dans *La Guienne historique et monumentale* de Ducourneau, tome I, 2ᵉ partie, p. 150 (1843-1844) ; 3° Une lithographie, d'après un dessin fort exact de Jules de Verneilh, dans le volume du *Congrès Archéologique d'Agen et de Toulouse,* XLIᵉ session, 1875, p. 128 ; 4° Un fort joli dessin de M. Nicolaï dans le texte de son ouvrage *Les Maisons d'Henri IV.* (Bordeaux, 1896) ; 5° Enfin, de nos jours, de nombreuses photographies, phototypies, simili-gravures, etc.